HISTOIRE JUNIORS
collection sous la direction
d'Alain Plessis
Maître-assistant à l'Université de Paris-VIII

LES PHARAONS

texte de Gaston Duchet-Suchaux
illustrations d'André Juillard

HACHETTE
79 bd Saint-Germain 75006 Paris

le cadeau du Nil

Qu'est-ce que l'Égypte ?
Un cadeau du **Nil**,
répondit au Ve siècle avant J.-C.
un prêtre égyptien au voyageur
et historien grec Hérodote,
qui l'interrogeait.
Chaque année, au mois d'août,
le fleuve entrait en crue.
Des masses d'eau jaunâtre, boueuse,
s'engouffraient alors
dans sa vallée, resserrée souvent
entre de hautes falaises rougeâtres.
L'eau montait, montait,
puis débordait et envahissait
toute la vallée transformée ainsi
en un lac immense. L'inondation durait
trois, quatre mois. Lorsqu'enfin les eaux
se retiraient, elles laissaient sur le sol
une épaisse couche de terre noire,
arrachée par le fleuve
aux hauts plateaux d'**Abyssinie**,
Terreau étonnamment fertile !
Il permettait deux, ou même trois moissons
par an dans le **delta**, et faisait la richesse
de l'Égypte. Aussi adorait-on le Nil
comme un dieu, le pays tout entier
lui devait sa fertilité. Cette crue,
survenant au cœur de l'été,
au moment où l'eau se fait rare
dans tous les autres cours d'eau,
n'était-elle pas proprement miraculeuse ?

Nil
Ce fleuve est le plus long du monde ; il parcourt 6 500 kilomètres environ entre le lac Victoria et la mer Méditerranée, dans laquelle il se jette.

Abyssinie
L'Éthiopie d'aujourd'hui était déjà appelée Abyssinie dans l'Antiquité.

Delta
Les sables, cailloux et alluvions déposés par le Nil avant son embouchure ont formé un immense triangle de terres humides : un delta. Le fleuve s'y ramifiait en sept branches dans l'Antiquité.

Un bateau égyptien

Le Nil et l'Égypte

MER MEDITERRANEE
SYRIE
PALESTINE
ROSETTE
ALEXANDRIE
DELTA DU NIL
BASSE ÉGYPTE
GIZEH
MEMPHIS
OASIS DU FAYOUM
NIL
DÉSERT
TELL-EL-AMARNA
LA VALLÉE DES ROIS
THÈBES
KARNAK
LOUXOR
DEIR EL-BAHARI
MER ROUGE
HAUTE ÉGYPTE
ASSOUAN
PHILAE
1re CATARACTE
ABOU SIMBEL
2e CATARACTE
N
O
E
S
NIL
SOUDAN
ZONES CULTIVÉES
200 km

deux royaumes en un

Venu du cœur de l'Afrique, le Nil entre en Égypte en se précipitant du haut de la première **cataracte**, et se faufile entre des escarpements rocheux jusqu'à Memphis. Longue de 900 kilomètres environ, la zone ainsi parcourue formait la Haute-Égypte. Au nord de Memphis, le fleuve éclatait en un delta de sept branches, région de terres humides à la végétation foisonnante : c'était la Basse-Égypte. Il y avait ainsi deux Égyptes très différentes l'une de l'autre ; et pendant toute l'aube de l'Histoire, il y eut aussi deux royaumes. Ce fut un roi de Haute-Égypte, Ménès ou Narmer, qui soumit à son pouvoir, au début du 3e millénaire avant J.-C., la population du delta, c'est-à-dire de la Basse-Égypte ; il fut le fondateur de l'Égypte unie. Il fit construire une ville nouvelle, Memphis, où il fixa sa résidence. L'histoire de l'Égypte antique est entrecoupée de périodes de crise, souvent longues de plusieurs siècles, les **périodes intermédiaires**. Chaque fois, l'unité du royaume des Pharaons a été remise en cause, tant les deux parties de l'Égypte s'opposaient l'une à l'autre.

Cataracte
Grande chute dans laquelle se précipite un cours d'eau. Certaines des « cataractes » du Nil sont en réalité de simples rapides.

Périodes intermédiaires
On désigne ainsi les longues périodes de troubles et de décadence qui séparèrent l'Ancien Empire (2800-2200 av. J.-C.) du Moyen Empire (2000-1650 av. J.-C.), et ce dernier du Nouvel Empire (1550-1085 av. J.-C.).

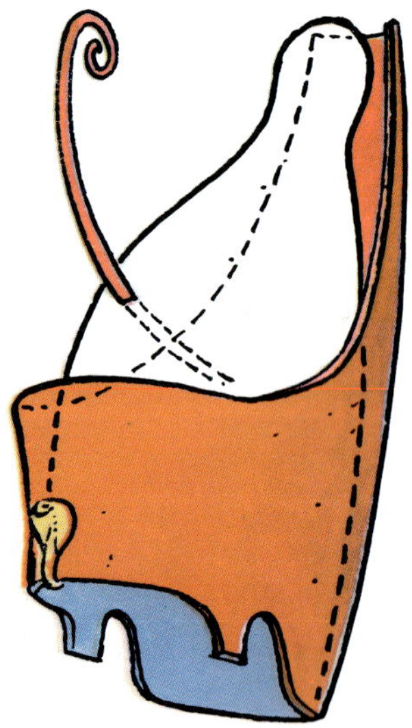

Le pschent (ou double couronne, parce qu'elle est composée des deux couronnes réunies de la Haute [mitre blanche] et de la Basse-Égypte [toque rouge]

Le pharaon Narmer au combat
Couronné de la mitre blanche des rois de Haute-Égypte, le pharaon Narmer brandit de sa main droite sa massue, emblème de la force.

Khéops, le constructeur

Le **pharaon** Khéops (les Égyptiens l'appelaient Khoufou) serait un inconnu pour nous s'il n'avait pas fait construire la **pyramide** où il fut enseveli et qui porte son nom. Ce monument est grand par ses dimensions, car il mesure 145 mètres de hauteur, et chacun de ses côtés est long de 230 mètres. Plantée sur le plateau de Gizeh qui domine la vallée du Nil à l'ouest, la Grande Pyramide a été construite pour abriter le tombeau du roi, le Pharaon, et le protéger contre les pilleurs de tombes. Construites selon les calculs de savants ingénieurs, les pyramides sont des monuments élevés aussi à la gloire du Soleil, un dieu adoré par les anciens Égyptiens sous le nom de Rê. Le fils de Khéops, Khéphren, a fait également élever une pyramide à côté de celle de son père, en prenant bien soin de la faire moins haute. Ces tombeaux géants et indestructibles — qui ont traversé plus de 40 siècles sans dommage apparent — symbolisent la grandeur et la puissance des pharaons. Ceux-ci, en effet, se disaient de naissance divine et jouaient sur la terre le rôle d'intermédiaire entre le monde des dieux et le monde des hommes. Rien n'était donc ni trop grand ni trop beau pour ces personnages divins !

Pharaon
Les rois de l'ancienne Égypte étaient appelés « pharaons », mot qui voulait dire « la grande maison » et qui désignait celui qui l'habitait. Souverain absolu, il était aussi le plus grand chef religieux.

Pyramide
La Grande Pyramide, ou pyramide de Khéops, était une des sept merveilles du monde dans l'Antiquité.

Sphinx
Les abords de la pyramide de Khéphren étaient défendus par le sphinx : visage de pharaon et corps de lion. Le sphinx de Gizeh mesure 57 m de long sur 20 de haut.

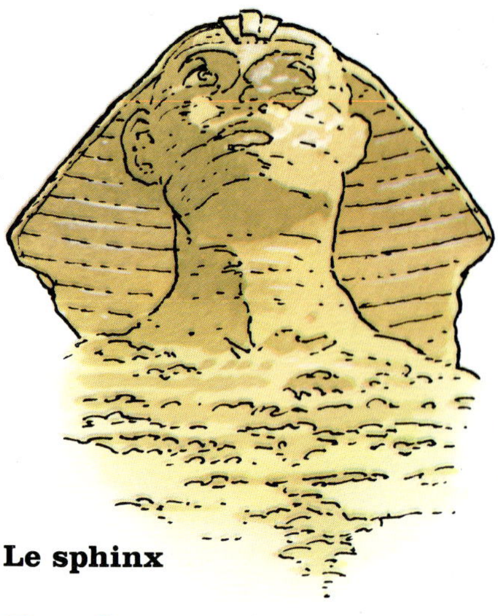

Le sphinx

Dans la pyramide de Khéops
Des ouvriers travaillent à une galerie secrète, à l'intérieur de la pyramide de Khéops. Il s'agit de défendre le sarcophage royal contre les entreprises des voleurs.

la construction d'une pyramide

Travail dans la carrière : des ouvriers découpent des blocs de pierre à l'aide de chevilles de bois mouillé qui feront éclater la pierre.

Une équipe fait basculer un bloc de marbre sur des billes de bois. Le transport s'effectuera ensuite par roulement sur ces mêmes billes.

On charge le bloc sur un navire. La voie d'eau constituée par le Nil est la plus commode pour transporter les lourdes charges.

Des rampes de bois permettent de hisser à la hauteur voulue les énormes blocs qui, par leur accumulation, formeront la pyramide.

une longue durée

Lorsqu'on se promène dans les salles d'un grand musée consacré à l'Égypte, on est ébloui par le nombre et la variété des objets qui y sont présentés.
Ils datent de plusieurs milliers d'années, et leurs auteurs remontent parfois à la nuit des temps. Pourtant, la beauté de ces objets nous touche comme s'ils avaient été fabriqués hier.
De plus, ils sont séparés les uns des autres par des espaces de temps souvent énormes. L'histoire de l'Égypte antique a en effet duré cinq mille ans, au cours desquels se sont succédé trente-trois **dynasties**.
Pour plus de commodité, les historiens ont découpé cette immense durée en trois périodes successives: l'Ancien Empire, le Moyen Empire et le Nouvel Empire.
Khéops et Khéphren sont des pharaons de l'Ancien Empire.
La période des Princes du désert correspond à la période intermédiaire située entre le Moyen et le Nouvel Empire, et le règne d'Hatchepsout se situe à l'époque du Nouvel Empire.
Quant à Cléopâtre, elle a vécu dans la dernière période de l'histoire de l'ancienne Égypte, période appelée époque grecque.

Dynastie
Lorsque des souverains appartenant à une même famille se succèdent pendant plusieurs règnes, on dit qu'ils forment une dynastie.

Chadouf
Appareil à bascule permettant de puiser l'eau et servant à irriguer les terres cultivées. Le chadouf est encore utilisé dans l'Égypte moderne.

Sceptre crochu et fléau : emblèmes du pouvoir du pharaon

Les travaux des champs
Un arpenteur, aidé par un scribe, vérifie les limites des champs qui ont été effacées par la dernière inondation. Un chadouf permet de remonter l'eau du Nil pour irriguer les cultures.

les princes du désert

Dans la longue histoire de l'Égypte antique,
des siècles de désordre et d'**anarchie**
ont, à plusieurs reprises, suivi
des périodes brillantes et riches
en chefs-d'œuvre.
Puis le calme revenait
et une nouvelle dynastie assurait
la continuité du pouvoir des pharaons.
Vers l'an 1750 avant J.-C.,
des peuples venus du Nord,
de Syrie, du Liban ou de Palestine,
ont envahi l'Égypte.
Le grand chef de ces Hyksos
— ainsi étaient-ils appelés —,
le « Prince du Désert », est devenu
le pharaon de toute l'Égypte.
Ce sont ces « peuples du désert »
qui ont appris aux Égyptiens l'usage
du cheval et du char de combat,
qu'ils ne connaissaient pas encore.
Pourtant, les Égyptiens
n'avaient rien perdu de leur fierté,
et ils ont fini
par chasser les « Immondes »,
comme ils appelaient peu aimablement
ces envahisseurs.
Les Hyksos
ont cependant dominé l'Égypte
pendant une centaine d'années ; on pense
que la captivité des **Hébreux** en Égypte
doit se situer à cette époque.

Anarchie
Dans les époques d'anarchie, il n'y a plus ni chef ni gouvernement acceptés par tous ; commence alors une période de luttes souvent sanglantes entre les partis ennemis.

Hébreux
On appelait ainsi les anciens Juifs qui ont occupé la Palestine après le temps de leur captivité en Égypte.

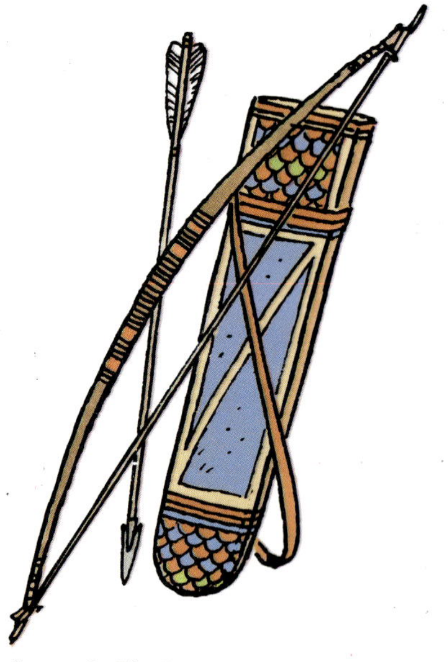

Arc et flèche

Une invasion sans pitié
Face aux Égyptiens qui se battaient presque nus, les envahisseurs venus du Nord possédaient des chars de guerre tirés par des chevaux, nouveauté inconnue des soldats du pharaon.

une reine hors série

La femme égyptienne avait de grands droits dans la société. Égale de l'homme, la femme portait le titre honoré de « maîtresse de maison ». Après avoir chassé d'Égypte les peuples du désert, les pharaons eurent à cœur de rendre à la mère sa place de chef légal de la famille. Fille aînée du pharaon **Touthmôsis Ier**, la reine Hatchepsout épousa successivement son **demi-frère** Touthmôsis II, puis son neveu Touthmôsis III, et fut assez habile pour exercer seule le pouvoir. Elle était haïe par les partisans de Touthmôsis III, qu'elle avait incontestablement éliminés du pouvoir. Son règne fut pourtant une période de paix et de prospérité pour le royaume ; cela n'empêcha pas ses ennemis de s'employer, après sa mort, à faire disparaître toute trace de son existence. Le temple de Deir el-Bahari, qu'elle fit construire, témoigne, aujourd'hui encore, de la grandeur de la reine Hatchepsout.

Touthmôsis Ier
Ce pharaon du Nouvel Empire a régné entre 1530 et 1520 avant J.-C. Il fut un conquérant et fit de l'Égypte une des grandes puissances de l'Orient antique.

Demi-frère
Deux enfants nés d'un même père, mais de deux mères différentes, ou bien d'une même mère, mais de deux pères différents, sont des demi-frères (ou demi-sœurs).

La reine Hatchepsout

Devant le temple de Deir el-Bahari
Une procession se dirige vers le temple de Deir el-Bahari, situé sur la rive gauche du Nil, en face de Karnak.

la vie des Égyptiens

Montés sur une légère barque de papyrus, les chasseurs
tiennent un hippopotame prisonnier au moyen de cordes fixées
aux harpons qu'ils ont fichés dans son corps,
puis ils s'efforcent de l'achever à coups de lance.
Chasse périlleuse, car à tout moment, la barque risque de chavirer !

Les marécages du delta du Nil
grouillent d'oiseaux : oies, canards,
ibis, hérons,... Un homme lance
des bâtons en forme de serpents
sur un vol de canards.

Des danseuses et des musiciennes
(le plus souvent, il s'agissait
de servantes ou de captives
de guerre) viennent animer
et égayer les réceptions mondaines.

Un scribe vérifie les comptes mal tenus d'un fonctionnaire. D'une main, il tient un rouleau de papyrus, de l'autre, son calame, tige de roseau dont il se sert pour écrire.

Le cuivre sort en fusion du four où un soufflet à pied entretient la température nécessaire à la fusion du minerai. Un artisan recueille le métal dans un récipient en brique.

Accroupi devant un tour, un ouvrier, vêtu d'un simple pagne, façonne un pot en argile. Une fois formés, les pots seront cuits au four.

un chef de guerre

Le pharaon Ramsès II, le plus connu
parmi ceux du Nouvel Empire,
fut d'abord un grand chef de guerre.
A la tête d'une armée,
où beaucoup de noirs du Soudan
servaient comme **fantassins**,
il a stoppé, en Syrie, l'avance
des **Hittites**, qui avaient entrepris
de dominer tout le Proche-Orient.
La bataille de Kadesh,
en 1291 avant J.-C.,
est la plus fameuse
parmi toutes celles qu'a livrées Ramsès II.
Ce pharaon combattait toujours
avec un lion apprivoisé, « exterminateur
des ennemis de Sa Majesté ».
A cette époque,
l'Empire égyptien étendait sa puissance
jusqu'en Syrie, vers le nord, couvrant
la Palestine et le rivage de la Méditerranée.
Grand constructeur, Ramsès II
a beaucoup agrandi les temples
de Karnak et de Louxor.
Les deux temples qu'il a fait construire,
à Abou Simbel, sont les plus célèbres
de ses réalisations.
L'un et l'autre ont été déplacés
lors d'une campagne de sauvegarde
organisée par l'UNESCO entre 1963 et 1968,
à la suite de l'aménagement
du barrage d'Assouan.

Fantassins
Les soldats qui combattent à pied sont des fantassins. Ceux qui combattent à cheval sont des cavaliers.

Hittites
Ce peuple a dominé toute la région située entre l'Asie Mineure et l'Égypte aux XIVe et XIIIe siècles avant J.-C.

Le faucon sacré

Ramsès II à la bataille de Kadesh
Devancé par son lion apprivoisé qui sème frayeur et panique sur son passage, Ramsès II charge les Hittites.

la reine Cléopâtre

Cléopâtre a été le dernier des pharaons.
Après elle, l'Égypte ne fut plus
qu'une province du grand empire romain.
Elle appartenait à la dynastie des Ptolémées,
qui descendaient d'un général
d'Alexandre le Grand, appelé Ptolémée.
Grecque de Macédoine par sa naissance,
Cléopâtre a néanmoins beaucoup aimé
les Égyptiens, ses sujets.
Savante, cultivée,
elle était aussi très ambitieuse.
Rome dominait alors le monde.
Cléopâtre s'allia d'abord à Jules César ;
puis, après l'assassinat du **dictateur**
en 44 avant J.-C., elle unit son sort
à un autre général romain, Marc Antoine.
Lorsque celui-ci, vaincu par Octave,
petit-neveu de Jules César, se donna
la mort, Cléopâtre se suicida, elle aussi,
à ce que dit l'histoire,
en se faisant mordre par un aspic,
serpent très venimeux.
Alexandrie, où elle mourut,
avait été fondée par Alexandre le Grand
en 331 avant J.-C. ;
capitale des Ptolémées, cette ville
était célèbre pour la richesse exceptionnelle
de sa bibliothèque.
Comme la pyramide de Khéops,
le phare du port d'Alexandrie
était une des sept merveilles du monde.

Cléopâtre
Le *cartouche* de Cléopâtre, transcription de son nom en hiéroglyphes, se trouve sur un obélisque trouvé à Philae. Une copie en a été transmise à Champollion en 1822 ; elle l'a aidé à déchiffrer les hiéroglyphes.

Dictateur
En période de crise, chez les anciens Romains, on confiait momentanément tous les pouvoirs à un seul magistrat appelé dictateur. César, lui, fut nommé dictateur à vie, mais il allait être assassiné un mois plus tard.

Le cartouche de Cléopâtre

Marc Antoine et Cléopâtre à Alexandrie
Marc Antoine et Cléopâtre débarquent dans le port d'Alexandrie.

les dieux et la religion

Au cours des cinq mille ans
de son histoire, l'Égypte
a adoré beaucoup de dieux différents.
Souvent, ceux-ci étaient liés
à une localité précise.
C'est ainsi que le dieu Amon
était celui de la ville de Thèbes.
Lorsque celle-ci devint
la capitale du royaume,
le **clergé** d'Amon devint une puissance
avec laquelle les pharaons durent compter.
D'autres grands dieux correspondaient
aux forces de la Nature,
ainsi Horus, dieu de la lumière,
en conflit perpétuel
avec le dieu des ténèbres, Seth.
Rê, ou Râ, le dieu du soleil,
était vénéré dans toute l'Égypte.
Chaque jour,
il était censé traverser
le ciel dans une barque,
et le soir, il en empruntait une autre
pour le retour.
Il y avait aussi toutes sortes d'animaux
qu'on adorait comme des dieux :
ainsi le chat, le singe,
ou le crocodile.
A Memphis, on adorait le bœuf Apis.
Mais le plus grand
de tous les dieux était Osiris,
le dieu du pays des morts.

Clergé
L'ensemble des prêtres d'une religion, ou d'un pays, constitue un clergé.

Une porteuse d'offrandes

Au temple de Karnak
Le temple de Karnak était la demeure du dieu Amon. L'image du dieu, dans sa barque sacrée, est portée en procession.

momies et sarcophages

Peuple gai et optimiste, les Égyptiens croyaient que la vie menée sur terre se prolongeait dans l'au-delà, après la mort. Il importait, pour assurer ce passage vers un bonheur éternel, de bien se conformer à toutes les prescriptions de la religion. En effet, on considérait que le double, ou l'âme, de chaque défunt était appelé à vivre éternellement au royaume du dieu des morts : **Osiris**. Ce double se détachait du corps au moment du décès, mais sans l'abandonner complètement. Il revenait ensuite visiter le corps terrestre dans son tombeau. Il fallait absolument qu'il pût se poser sur celui-ci. La dépouille du défunt devait donc rester intacte, préservée de toute décomposition. C'est pourquoi on la transformait en **momie** en l'embaumant ; on aménageait ensuite le tombeau comme un appartement, avec le mobilier du défunt et des provisions. De petites statuettes étaient censées exécuter les travaux de la vie future à la place du défunt, qui était ainsi libre de goûter tous les plaisirs et toutes les joies de l'autre monde auprès d'Osiris.

Osiris
Le dieu des morts est souvent représenté coiffé de la couronne des rois de Haute-Égypte. Il porte au front l'*ureus*, cobra au cou gonflé par la colère ; il tient dans sa main le sceptre crochu, symbole du pouvoir, le sceptre ouas, réservé aux dieux, et le fouet en forme de fléau.

Momie
Pour préserver le cadavre des Égyptiens de la décomposition, on utilisait des baumes : cet embaumement transformait le cadavre en momie.

Le dieu Osiris

La confection d'une momie
Une fois desséché, le corps du défunt était enveloppé dans trois linceuls, et dans une toile serrée par des bandelettes en long et en travers.

les hiéroglyphes

La plupart des monuments égyptiens
sont couverts de **hiéroglyphes**,
écriture sacrée qu'on n'a plus su lire
ni écrire à partir du IVe siècle après J.-C.
Personne n'était arrivé
à les déchiffrer 1 500 ans plus tard.
Or, en 1798, le général Bonaparte
remporte la victoire des Pyramides ;
de grands savants accompagnent son armée.
Et un beau jour,
des soldats qui travaillent aux fondations
d'un ouvrage militaire près du village
de Rosette, dans le delta du Nil,
découvrent tout à coup
un bloc de pierre noire
haut de plus d'un mètre,
sur lequel on avait gravé un texte
en trois langues successivement :
en hiéroglyphes, en **démotique** et en grec.
Transportée en Europe,
la « pierre de Rosette » a permis
à un jeune savant, François Champollion,
de percer, en 1822,
le secret des hiéroglyphes
après quinze ans de travail opiniâtre.
Comment s'y est-il pris ?
En comparant les trois écritures
de la pierre de Rosette avec les inscriptions
d'un **obélisque** trouvé à Philae en 1821.
Ses recherches lui ont permis
de comprendre que les hiéroglyphes
s'articulent de différentes manières,
et parfois comme des sortes de rébus.

Hiéroglyphes
Ce mot grec veut dire « écriture sacrée ».

Démotique
Ancienne écriture et langue parlée égyptienne.

Obélisque
Les Égyptiens plaçaient généralement deux obélisques aux abords de leurs temples. Un obélisque du temple de Louxor a été transporté en 1836 à Paris, et dressé place de la Concorde où l'on peut encore le voir.

La pierre de Rosette
Les soldats du génie ont déterré la « pierre de Rosette » en faisant des travaux de terrassement. Un ballon d'observation surveille les environs.

pillage et archéologie

A l'époque même des pharaons,
leurs tombeaux les plus secrets,
les mieux protégés,
ont été violés et pillés.
Encore au siècle dernier, les habitants
du village de Kourna,
situé près de la **Vallée des Rois**,
étaient toujours spécialisés
dans le pillage des tombes ;
ils se livraient à cette industrie
depuis le XIIIe siècle avant J.-C.
Ce qui avait échappé à leurs recherches
fut pris en partie,
vers l'époque de la Révolution française,
par les premiers archéologues en proie
à la manie du collectionneur.
Ce fut cependant en 1922
que l'archéologue anglais Howard Carter
fit la découverte la plus fabuleuse
de tous les temps,
en mettant au jour les trésors
de la tombe de **Toutânkhamon**,
pharaon mort à dix-neuf ans,
en 1346 avant J.-C. De 1917 à 1922,
Howard Carter avait fait exécuter
chaque année une campagne de fouilles,
sans le moindre succès.
Il allait abandonner,
lorsqu'il découvrit enfin
le tombeau de ce pharaon
dans la Vallée des Rois.

Vallée des Rois
Le pharaon Aménophis Ier (1550-1530 av. J.-C.), père de Thoutmôsis Ier, a été le premier à faire creuser son tombeau dans la Vallée des Rois, située à l'ouest de Thèbes, afin de le mettre à l'abri des entreprises des voleurs.

Toutânkhamon
Ce jeune souverain a régné neuf ans seulement, de 10 à 19 ans, à l'époque du Nouvel Empire, cinquante ans environ avant Ramsès II. A sa mort, on transporta son trône en bois plaqué d'une feuille d'or, de son palais à sa tombe secrète.

Le trône de Toutânkhamon

Une découverte sensationnelle
Munis de lanternes, Howard Carter et ses compagnons découvrent le « trésor de Toutânkhamon ».